Nuevos conjuntos con hilo mágico de aluminio

Para este libro se han seleccionado originales conjuntos realizados con hilo mágico de aluminio, hilo de alpaca e hilo de acero de enfilado. Unos materiales con los que se pueden conseguir variadas formas y que se pueden combinar con cualquier tipo de cuentas y abalorios.

Para facilitar el trabajo, se incluye la explicación detallada paso a paso de diversas técnicas para hacer, por ejemplo, espirales y cuentas de espirales; para modelar los hilos de bisutería, integrar cuentas en las formas y espirales hechas con los hilos, o para conseguir diferentes formas doblando y modelando hilo mágico de aluminio. Estas explicaciones se completan con numerosos gráficos, que, junto con los patrones y las claras instrucciones, contribuyen a que la perfecta realización de los proyectos que ofrece el libro esté al alcance de todos.

Cuando se haya logrado dominar la confección de estos collares, anillos y pendientes, la imaginación y creatividad de cada uno conseguirá nuevos modelos a partir de los que aquí se ofrecen.

Espero que se diviertan modelando y combinando estos versátiles hilos de bisutería,

Ingrid Moras

Materiales y técnica

Materiales

Los elementos de alambre de bisutería se trabajan con hilo de alpaca e hilo de acero de enfilado (0,45 mm Ø), hilo de aluminio, hilo mágico de aluminio corto (de 1,5 a 2 mm Ø) o cinta de aluminio plateada de 5 mm de ancho. Se completan con cuentas de piedra natural, cuentas Soft-Touch y cuentas de cristal tallado. Las cuentas semitransparentes Renaissance con orificio grande se pueden enfilar en hilo de aluminio de 2 mm de grosor. Conviene elegir alambre de bisutería revestido de plástico (nyloncoated, de 0,4 mm Ø), cierres, enganches para pendientes, bastones de alambre con aro, anillas y chafas de un color a juego con el collar.

Herramientas auxiliares

Las siguientes herramientas y materiales auxiliares no vuelven a mencionarse en las listas de materiales de cada proyecto:

- *Twister,* (herramienta en forma de T (de 2 mm Ø); se utiliza para retorcer espirales y cuentas en espiral.
- Dos varillas de acero o agujas de tejer unidas (de 1,5 mm Ø); se usan para realizar las espirales con torsión.
- Alicates pequeños de punta redonda, para retorcer los extremos del alambre.
- Alicates de corte lateral, para recortar los extremos del alambre.
- Alicates de punta plana, para fijar las chafas en el alambre.

- Aguja de coser grande y gruesa, para perforar agujeros en los elementos de bisutería.
- Pequeña tabla o listón de madera de abeto, para presionar las formas de alambre y darles el aspecto deseado.

Curvar las anillas

Dependiendo del grosor del alambre de bisutería y del tamaño de la anilla que deseemos hacer, doblar el alambre 1 cm en ángulo recto hacia la izquierda. Después, curvar el extremo hacia la derecha con los alicates pequeños de punta redonda para obtener la anilla.

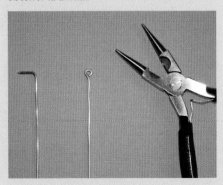

En el caso de los bastones de alambre con aro, ajustar el aro del bastón por debajo de las cuentas enfiladas, de modo que dicho aro quede visible. Después doblar el alambre en ángulo recto hacia la izquierda y modelar con él una anilla hacia la derecha. En esta anilla idéntica al aro del bastón de alambre se pueden colgar otras anillas.

Abrir y cerrar las anillas

Para hacerlo, se utilizan dos tenazas o una herramienta construida artesanalmente para tal fin: en un palo redondo (de 20 mm Ø), clavar un tornillo con una hendidura en la cabeza lo suficientemente grande. Sujetar una mitad de la anilla con los alicates de punta redonda y fijar la otra mitad en la hendidura del tornillo. Con los alicates, presionar hacia atrás una mitad de la anilla para abrirla. Enganchar en la anilla abierta la pieza del collar que queramos unir. Después, cerrar la anilla del mismo modo que se abrió.

Fijar las chafas

Con las chafas metálicas circulares se pueden fijar las cuentas de alambre de bisutería en los segmentos del alambre también de bisutería. Apretar las chafas con unos

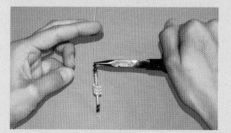

alicates de punta plana. De este modo, las cuentas ya no se mueven.

Fijar el cierre

Unir los cierres magnéticos o de rosca al collar por medio de anillas, o bien enfilar el alambre de bisutería del collar a través de la anilla del cierre, formando una lazada. Para ello, enfilar primero una chafa, después una cuenta pequeña y, por último, otra chafa en el extremo del alambre de bisutería. Volver a pasar ese extremo a través del cierre magnético, la chafa superior y la cuenta, hasta que sobresalga una pequeña lazada de alambre. A continuación, apretar la última chafa enfilada para fijarla. Cortar el alambre de bisutería sobrante por debajo de la cuenta. Para terminar, deslizar la primera chafa hasta la cuenta y fijarla sobre el extremo del alambre que sobresale.

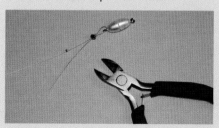

En el caso de cierres tubulares, insertar los extremos del alambre de bisutería y apretar después con las tenazas los extremos del cierre a unos 3 mm: así se fijan los extremos del alambre de bisutería insertados en el cierre tubular.

Materiales:

Para todos
- Hilo mágico de aluminio de color marrón brandy, de 2 mm Ø

Collar
- 2 anillas doradas
- Cierre de bisutería con piedras de strass, de 11 mm
- Cuentas Renaissance semitransparentes de color blanco y beige, de 14 mm Ø

Pendientes
- 2 cuentas Renaissance semitransparentes de color blanco y beige, de 14 mm Ø
- 2 enganches para pendientes

Anillo
- 2 cuentas Renaissance semitransparentes de color blanco y beige, de 10 mm Ø

Páginas 25, 28

Ver otra variante del collar en las páginas 28 y 29.

Collar

1. Espirales planas unidas: modelar cuatro espirales planas seguidas con un hilo mágico de aluminio de 80 cm (centro del collar), como se ve en la página 25. Trabajar las dos espirales del medio con un hilo mágico de aluminio de 60 cm cada una y las dos espirales pequeñas de arriba con un hilo mágico de aluminio de 40 cm cada una. Curvar también en este caso dos anillas en la última vuelta de las dos primeras espirales.

2. Montar el collar: enfilar una cuenta en ocho hilos mágicos de aluminio (de 5 cm cada uno), doblar los extremos del hilo en ángulo recto y curvarlos en forma de anilla con los alicates de punta redonda. Enfilar seguidos los elementos de aluminio y las cuentas. Por último, fijar el cierre de bisutería con una anilla.

Pendientes

Curvar las espirales de cada pendiente, de arriba hacia abajo, utilizando un hilo mágico de aluminio de 40 cm. Sujetar un extremo del hilo mágico de aluminio con los alicates de punta redonda y curvar la espiral plana superior, desde dentro hacia fuera. Trabajar una anilla en la última vuelta de la espiral. Después de 15 cm, realizar la siguiente espiral desde dentro hacia fuera. Enfilar una cuenta en un extremo de un hilo mágico de aluminio de unos 3 cm, doblar en ángulo recto el hilo mágico de aluminio que sobra y formar una anilla. Colgar los enganches para pendientes.

Anillo

Enfilar una cuenta de 10 mm hasta el centro de un hilo mágico de aluminio de 40 cm de largo. Después colocar el hilo mágico de aluminio con la cuenta sobre el dedo y pasar los extremos hacia arriba y alrededor del dedo, ajustando el hilo mágico de aluminio con holgura. Curvar por arriba espirales planas desde cada extremo del hilo mágico de aluminio. Colocar las espirales debajo de la cuenta, solapando ligeramente la última vuelta de cada espiral.

De color plata y azul petróleo

Materiales:

Para todos
• Hilo mágico de
  aluminio, de 1,5 mm Ø

Collar
• 7 cuentas acrílicas
  Soft Touch ligeramente
  ovaladas de color azul
  petróleo, de 20 mm
• 4 cuentas Polaris
  brillantes, de 14 mm Ø
  • 2 de color blanco
  • 2 de color gris
• 30 cuentas de cristal
  Swarovski® de
  color Lagune,
  de 4 mm Ø
• 12 anillas, de 6 mm Ø
• 6 bastones de alambre
  con aro, de 35 mm
• Cierre magnético,
  de 17 x 8 mm

Pendientes
• 2 cuentas acrílicas
  Soft Touch ligeramente
  ovaladas de color azul
  petróleo, de 20 mm
• 2 enganches para
  pendientes

Páginas 24, 30

Collar

1. Trabajar cuatro espirales planas: modelar cada espiral plana con un hilo mágico de aluminio de 25 cm de largo (ver la página 24); texturizar antes el hilo mágico de aluminio (ver la página 24), realizando las marcas muy juntas al principio y más separadas después. Para terminar, doblar el hilo mágico de aluminio hacia abajo, enfilar una cuenta acrílica, recortar el extremo del hilo mágico de aluminio dejando 12 mm y doblar una anilla.

2. Modelar el colgante: enfilar una cuenta acrílica hasta el centro de un hilo mágico de aluminio de 8 cm de largo. Curvar un extremo de un hilo mágico del aluminio de 25 cm alrededor del hilo mágico de aluminio situado encima de la cuenta, pasar la mitad alrededor de la cuenta (ver el gráfico) y enrollarlo en el hilo mágico de aluminio situado debajo de la cuenta. A continuación, texturizar el medio arco con los alicates; así se separa de la cuenta y aumenta de tamaño. Agregar los demás arcos semicirculares texturizados, según el gráfico; pasar el hilo mágico de aluminio alrededor del alambre-guía y cortar lo que sobra. Curvar unas anillas en los extremos del hilo-guía. Realizar las espirales inferiores con un hilo mágico de aluminio de 25 cm, según el gráfico. Unir los dos elementos de hilo mágico de aluminio con una anilla.

3. Montar los bastones de alambre con aro y unir el collar: enfilar cuentas en seis bastones de alambre con aro, según el gráfico, y curvar el extremo formando un aro. Unir los elementos de hilo mágico de aluminio y los bastones por medio de anillas y fijar el cierre magnético.

Pendientes

Trabajar cada pendiente como los elementos de hilo mágico de aluminio del collar. Modelar una pequeña espiral plana con el hilo mágico de aluminio que sobresale por debajo de la cuenta. Colgar el enganche para pendientes.

Con revestimiento de alambre

Materiales:

Para todos
- Hilo mágico de aluminio de color negro, de 2 mm Ø
- Hilo de alpaca, de 0,6 mm Ø
- Chafas, de 2 mm Ø
- Hilo de acero de enfilado, de 0,4 mm Ø

Collar
- 4 lágrimas de ónice, de 18 x 25 mm aprox.
- 2 cuentas de cuarzo con turmalina negra, de 13 mm Ø
- 16 cuentas de cristal tallado plateadas, de 4 mm Ø
- Cierre magnético, de 17 x 8 mm

Pendientes
- 2 enganches para pendientes

Páginas 19, 24, 31

Collar

1. Modelar los colgantes: revestir tres hilos mágicos de aluminio (de 15, 17,5 y 20 cm de largo) con espirales de hilo de alpaca (*Twister:* 2 mm Ø); para ello revestir todo el hilo mágico de aluminio con las espirales, aumentando cada vez más el espacio entre las vueltas (ver la página 24). Con los alicates de punta redonda, retorcer un extremo de cada hilo mágico de aluminio para formar espirales planas (ver el gráfico) y curvar en el otro extremo una anilla, en vertical a la espiral. Unir las tres espirales por debajo de las anillas utilizando hilo de alpaca.

2. Realizar cuatro cuentas con espirales planas: revestir el hilo mágico de aluminio con una espiral de 6 cm de hilo de alpaca; después trabajar una espiral de seis vueltas con hilo mágico de aluminio. Deslizar la espiral de hilo de alpaca hacia la varilla del *Twister* y curvar sobre la varilla de este una espiral plana desde dentro hacia fuera. Al final del revestimiento de hilo de alpaca trabajar una espiral con tres vueltas con el hilo mágico de aluminio (ver la página 19).

3. Enfilar el collar: enfilar los elementos de hilos de bisutería, las lágrimas de ónice y las cuentas en un hilo de acero de 60 cm de largo y fijar todo con chafas en segmentos regulares. Montar el cierre magnético (ver el gráfico).

Pendientes

Para cada pendiente, trabajar una cuenta con una espiral plana de hilo mágico de aluminio, como se describe arriba. Modelar la cuenta con 20 cm de hilo mágico de aluminio y curvar una anilla por encima con los alicates de punta redonda. Revestir el extremo inferior del hilo mágico de aluminio con una espiral de hilo de alpaca de 0,6 mm Ø; estirar la espiral irregularmente hasta la cuenta de hilo mágico de aluminio. Después curvar este en forma de espiral plana con los alicates de punta redonda.

De color plata y negro

Materiales:

Para todos
- Hilo de alpaca, de 0,5 mm Ø
- Hilo de acero de enfilado, de 0,4 mm Ø
- Chafas, de 2 mm Ø

Collar
- 48 cuentas de cristal tallado plateadas, de 4 mm Ø
- 40 cuentas de cristal Swarovski® de color Jet AB, de 4 mm Ø
- 4 cuentas de ónice, de 30 x 10 mm aprox.
- Cierre magnético, de 17 x 8 mm

Pendientes
- 8 cuentas de cristal tallado plateadas, de 4 mm Ø
- 40 cuentas de rocalla Miyuki de color negro, de 2,2 mm Ø
- 2 cuentas de ónice, de 30 x 10 mm aprox.
- 2 anillas plateadas
- 2 enganches para pendientes

Páginas 16, 20, 21, 32

Collar

1. Trabajar formas de hilo de alpaca: una elipse con 3 m de hilo de alpaca, otras dos elipses con 1,20 m de hilo cada una y dos cuentas planas con 60 cm de hilo cada una (ver las instrucciones en el gráfico respectivo y en las páginas 20 y 21). Con una aguja de coser, perforar las formas alargadas con un agujero transversal a una distancia de unos 12 a 15 mm de uno de los picos. Perforar por la mitad las cuentas planas redondas.

2. Enrollar cuatro cuentas de espiral con un centro de cuentas: trabajar el centro con 5 cuentas de ónice, 6 cuentas plateadas y 5 cuentas negras, y después enmarcarlo entre dos espirales de 1 cm de largo (ver la página 16).

3. Enfilar el collar: enfilar los diferentes elementos en un hilo de acero, según el gráfico, y fijar todo con chafas. Montar el cierre.

Pendientes

1. Para cada pendiente, realizar dos espirales de hilo de alpaca enfilando entremedias 20 cuentas de rocalla. Insertar una cuenta de ónice en un engaste de hilo de alpaca: curvar una espiral con un hilo de alpaca de 1,20 m de largo, utilizando el *Twister*; estirar ligeramente la espiral y colocarla dos veces alrededor de la forma de ónice. Enrollar el resto en pequeños arcos alrededor del contorno de hilo de acero. Perforar un agujero en la forma de hilo de acero y enfilarla con la cuenta de ónice en el centro de un hilo de acero de 20 cm de largo.

2. A continuación, enfilar cada vez una cuenta de cristal tallado y la cuenta de las dos espirales con centro de cuentas. Después pasar los dos alambres a través de una cuenta de cristal tallado y una chafa. Fijar la chafa y recortar un hilo de acero. Enfilar una cuenta de cristal tallado y una chafa en el otro alambre y pasarlo formando una lazada por las dos cuentas. Fijar la chafa y cortar el hilo de acero sobrante. Por último, colgar los enganches para pendientes con unas anillas.

Interesantes espirales

Materiales:

Para todos
- Hilo mágico de aluminio, de 2 mm Ø
- Hilo de alpaca, de 0,4 y 0,6 mm Ø
- Hilo de acero de enfilado, de 0,4 mm Ø
- Chafas, de 2 mm Ø
- Cuentas Renaissance semitransparentes de color blanco y gris, de 14 mm Ø

Collar
- 4 cuentas de hematites con forma de flecha, de 15 mm
- 8 cuentas de cristal tallado plateadas, de 4 mm Ø
- Cierre magnético, de 17 x 8 mm

Pendientes
- 4 cuentas de hematites con forma de flecha, de 15 mm
- 2 cuentas de cristal tallado plateadas, de 4 mm Ø
- 2 enganches para pendientes

Páginas 14, 23, 24, 33

Collar

1. Unir tres cuentas en espirales con volumen: revestir cada vez 20 cm de hilo mágico de aluminio con una espiral de hilo de alpaca de 0,4 mm Ø y 10 cm de largo. Estirar la espiral de forma regular (ver la página 24). Modelar el hilo mágico de aluminio como una espiral plana en forma de S y después abrirla para darle volumen. Insertar una cuenta de 14 mm Ø en el interior (ver la página 23).

2. Realizar seis espirales con torsión: con hilo de alpaca (de 0,6 mm Ø) enrollar espirales de 2,5 cm y retorcerlas en una torsión (ver la página 14).

3. Enfilar el collar: fijar con chafas las espirales con torsión, las espirales con volumen y las cuentas en un hilo de acero de 60 cm, según el gráfico. Montar el cierre magnético.

Pendientes

Para cada pendiente, trabajar una espiral con hilo mágico de aluminio revestido con hilo de alpaca, insertando una cuenta en el interior, tal como se describe arriba. Enfilar las cuentas y las espirales en hilo de acero (de 10 cm cada vez), según el gráfico. Fijar todo con chafas. Por último, colgar los enganches para pendientes en las lazadas de los extremos.

Espirales

Nota: En las espirales con hilo mágico de aluminio, retorcer la barra transversal con la mano.

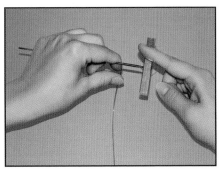

1. Pasar el extremo del alambre (o hilo mágico de aluminio) a través del agujero de la barra transversal del *Twister* (la herramienta con forma de T) y curvarlo. Colocar el hilo mágico de aluminio sobre la varilla que señala hacia la izquierda. Dejar el carrete colgando con el hilo mágico de aluminio.

2. Fijar el hilo mágico de aluminio a la varilla con los dedos pulgar e índice de la mano izquierda y girar la barra transversal con la mano derecha. Las curvas de la espiral deben quedar juntas, sin distancia entre ellas ni solapamientos. Extraer la espiral y cortarla con la longitud necesaria.

Espirales con torsión

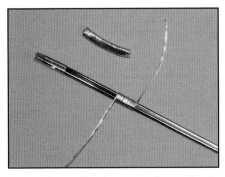

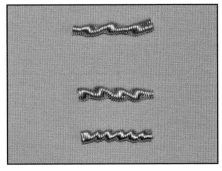

1. Unir dos varillas de acero o dos agujas de tejer de 1,5 mm aproximadamente por sus extremos, usando cinta adhesiva. Con la mano izquierda, enrollar muy apretado el hilo de alpaca de 0,6 mm alrededor de las dos varillas. Retirar la espiral de las dos varillas.

2. Retorcer la espiral parte por parte: sujetar entre los dedos, con ambas manos, 1 cm de la espiral y girar los dedos en dirección contraria. Cuanto más se gire, más estrechas serán las vueltas de la espiral obtenida.

Cuentas de espiral

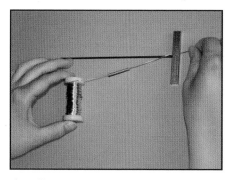

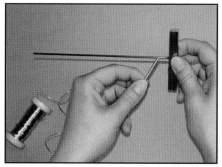

1. Enfilar una espiral retorcida con el *Twister* (ver la página 14) en el hilo de acero de enfilado del carrete. Después anclar el hilo de acero en el agujero de la barra transversal del *Twister*.

2. Dejar el carrete colgando con la espiral enfilada en el hilo de acero de enfilado. Enrollar con él una espiral de la longitud que se prefiera, en este caso es de 1 cm. Deslizar la espiral enfilada hacia la varilla del *Twister* y sujetarla debajo.

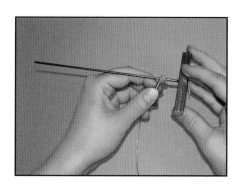

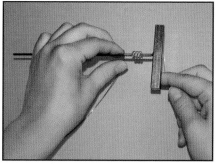

3. Girar la barra transversal. De este modo, la espiral se enrolla con el alambre-guía en el interior, alrededor de la varilla del *Twister*. Unir las vueltas de la espiral muy ceñidas. Enrollar la espiral completa.

4. Enrollar una espiral de hilo de acero de enfilado de 1 cm. Los extremos de la cuenta de espiral pueden seguir retorciéndose a gusto personal. Así, se puede aumentar o disminuir el tamaño de la cuenta de espiral central, variando la longitud de la espiral enfilada.

Cuentas de espiral
con un centro de cuentas

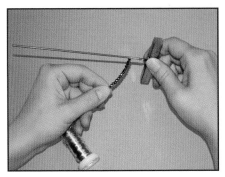 

1. Enfilar las cuentas en el hilo de alpaca del carrete. Anclar el hilo de alpaca en el agujero de la barra transversal y realizar una espiral corta con hilo de alpaca; dejar colgando las cuentas y el carrete. Deslizar las cuentas hacia la varilla y fijarlas por debajo con los dedos.

2. Girar la barra transversal. Así las cuentas se enrollan con el hilo de alpaca en el interior, alrededor de la varilla.

Nota: Por lo general, las cuentas utilizadas tienen el mismo tamaño. Pero también pueden utilizarse cuentas con tamaños distintos.

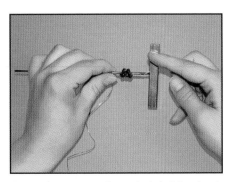

3. Añadir un trozo de espiral de hilo de alpaca con la longitud que se desee. Cortar los extremos de las dos cuentas de espiral de forma simétrica.

Cuentas en ovillo

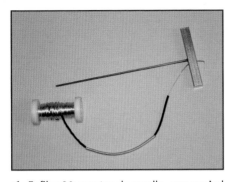

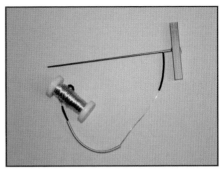

1. Enfilar 30 cuentas de rocalla, una espiral de 8,5 cm de largo realizada con el *Twister* (ver la página 14) y otras 30 cuentas de rocalla en el hilo de alpaca del carrete. Después anclar este hilo de alpaca en el *Twister*.

2. Dejar colgando el carrete con los elementos enfilados. Enrollar una espiral y después deslizar el primer tramo de cuentas hasta la varilla del *Twister*.

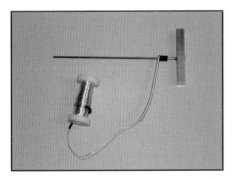

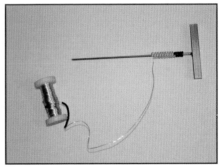

3. Sujetar las cuentas y enrollarlas alrededor de la varilla. A continuación, deslizar la espiral hasta la varilla del *Twister* y sujetarla.

4. Enrollar la cuenta de espiral alrededor del *Twister* (ver la página 15).

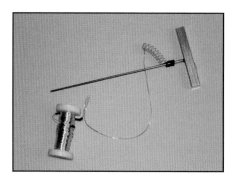 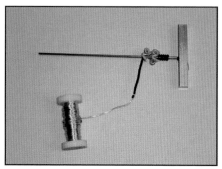

5. Desprender el extremo del hilo de alpaca del agujero de la barra transversal del *Twister*. Después extraer la cuenta de espiral de la varilla del *Twister*, volver a situarla en el punto de partida y anclar de nuevo el hilo de alpaca en el agujero de la barra transversal del *Twister*.

6. Enrollar la cuenta de espiral como un ovillo alrededor de la varilla. Deslizar las últimas cuentas hacia la varilla y sujetarlas.

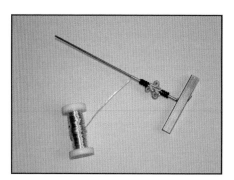

7. Añadir la espiral de cuentas y la espiral de hilo de alpaca. Por último, extraer la larga cuenta completa y cortar los extremos de las espirales de modo simétrico.

Cuentas en espiral con una espiral plana

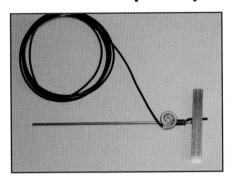
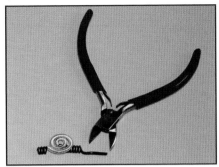

1. Revestir un hilo mágico de aluminio negro con una espiral de hilo de alpaca de 6 cm de largo, realizada con el *Twister* (ver la página 14). Después, anclar el hilo mágico de aluminio negro en el agujero del *Twister* y enrollar una espiral con seis vueltas. Deslizar la espiral de hilo de alpaca hasta la varilla del *Twister* y seguidamente, con los alicates de punta redonda, curvarla desde dentro hacia fuera formando una espiral plana. Colocar la espiral plana sobre la varilla.

2. A continuación de la espiral plana revestida, enrollar una espiral con tres vueltas alrededor de la varilla. Retirar la espiral del *Twister* y recortar los extremos del hilo mágico de aluminio.

Consejo: Para obtener cortes limpios en los extremos, es aconsejable curvar una o dos vueltas más de las necesarias en los extremos de la espiral.

Modelar con hilos de bisutería

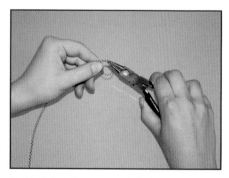

1. Curvar con el *Twister* (de 2 mm Ø) una espiral con hilo de alpaca o hilo mágico de aluminio de entre 1,20 y 3 m de largo (ver la página 14). Retirar la espiral y estirarla ligeramente a lo largo.

2. Modelar el contorno de la forma deseada (círculo, elipse, lágrima, triángulo, etc.) con un extremo de la espiral y enganchar el extremo del hilo de alpaca.

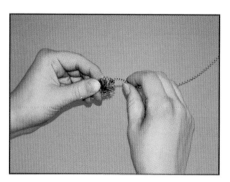

3. Enrollar el resto de la espiral, cruzada y en transversal, alrededor de la forma, recubriendo por último las áreas en las que se aprecien huecos.

4. Curvar el extremo del hilo de alpaca hacia dentro con los alicates de punta redonda y engancharlo en la forma de hilo de alpaca.

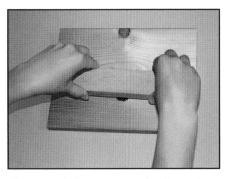

5. Para trabajar cuentas redondas, colocar la forma de hilo de alpaca entre dos tablas de madera de abeto. Aplicar presión sobre la tabla superior con movimientos circulares para modelar así la bola. Para realizar medallones planos, volver a presionar la tabla sobre la bola.

6. En todas las formas se deben modelar los lados aplicando presión con un listón de madera. En caso necesario, integrar dentro de la forma las vueltas que sobresalgan de la espiral, utilizando los alicates de punta redonda.

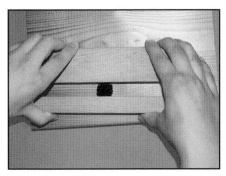

7. Para realizar dados, presionar una bola entre dos tablas, por arriba y por abajo y varias veces, girándola siempre en ángulo recto; o bien trabajar directamente un cuadrado con la espiral, enrollarlo con ella, rellenarlo y presionar para modelar la forma.

8. Perforar un agujero recto con la correspondiente longitud, a través del tejido de hilo de alpaca, con una aguja de coser grande. Así es posible enfilar las formas en hilo mágico de aluminio o en hilo de seda de acero.

Doble espiral plana en forma de S

1. Marcar el centro del hilo mágico de aluminio o deslizar hasta el centro una forma de hilo mágico de aluminio, como en la fotografía. Curvar el extremo del hilo mágico de aluminio con los alicates de punta redonda formando una espiral plana hacia abajo; en caso de que se desee una espiral con vueltas en tamaño creciente, curvar hacia abajo dicha espiral plana con los dedos. Si es necesario, se puede colocar una forma de hilo mágico de aluminio. A continuación, sujetar el otro extremo del hilo mágico de aluminio con los alicates.

2. Curvar el extremo derecho del hilo mágico de aluminio hacia arriba, en forma de espiral plana. Modelar con los alicates de punta redonda solo las vueltas estrechas del interior de la espiral, después continuar con los dedos. Se pueden curvar las vueltas dejando cierta distancia entre ellas, como en este caso, o curvarlas apretadas.

Cuentas integradas en espirales con volumen

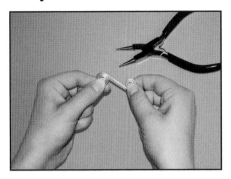

1. Modelar primero una doble espiral plana con hilo mágico de aluminio, utilizando los alicates de punta redonda y también los dedos. Las curvas deben quedar apretadas entre sí (ver la página 22).

2. A continuación, curvar un poco hacia delante las espirales planas, presionando hacia fuera las curvas más apretadas con los alicates de punta redonda o con una varilla.

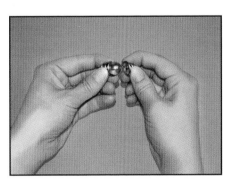

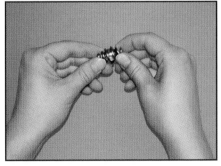

3. Una vez que hemos deslizado a ambos lados las curvas de las espirales con volumen, a distancias regulares, insertar la cuenta en el centro.

4. Presionar los dos lados con volumen hacia el centro para engarzar la cuenta. En caso necesario, colocar de nuevo las vueltas de la espiral a distancias regulares.

Hilo mágico de aluminio retocado

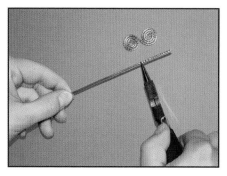

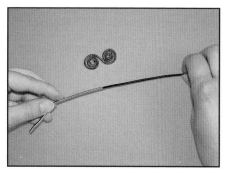

El hilo mágico de aluminio liso se puede texturizar grabando marcas a distancias regulares o irregulares con los alicates de punta redonda. Así se obtienen interesantes texturas y el blando hilo mágico de aluminio queda protegido de raspaduras.

El hilo mágico también se puede revestir, por ejemplo con una espiral de hilo de alpaca de 10 cm de longitud y el mismo diámetro (ver la página 14) que el hilo mágico negro utilizado. Estirar la espiral a lo largo del hilo mágico en segmentos regulares o irregulares.

Espirales y triángulos planos

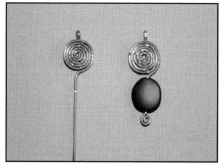

1. En este caso, la espiral plana de hilo mágico de aluminio no se curva empezando desde el extremo: curvar una anilla en el extremo y colocarla en vertical. A 1 cm por debajo de la anilla, curvar un círculo hacia la derecha (centro) con los alicates de punta redonda.

2. Modelar el triángulo o espiral plano con los dedos y doblar el hilo mágico de aluminio hacia abajo. Enfilar la cuenta elegida y después curvar el extremo del hilo mágico de aluminio con los alicates de punta redonda, formando una espiral plana o una anilla.

Conjunto de varias espirales planas

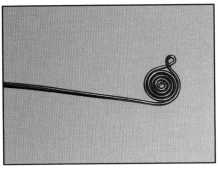

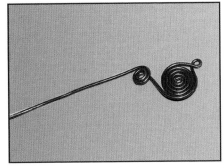

1. Con los dedos o con los alicates de punta redonda, curvar el extremo de un hilo mágico de aluminio de 80 cm, de dentro hacia fuera, en forma de espiral plana. Modelar con los alicates una anilla en la última curva y volver a colocar el alambre alrededor de media espiral.

2. Después de 2 cm, colocar los alicates de punta redonda y trabajar desde dentro la espiral siguiente: volver a curvar una anilla en la última vuelta y pasar el hilo mágico de aluminio hacia abajo, alrededor de media espiral.

3. Modelar las dos espirales pequeñas con el resto del hilo mágico de aluminio; sujetar este con los alicates de punta redonda y curvar la primera espiral pequeña desde dentro hacia fuera.

4. Después dar forma a la segunda espiral, partiendo del extremo del hilo mágico de aluminio.

Arcos con cinta de aluminio

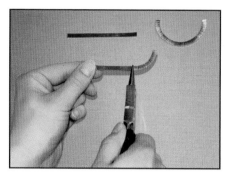 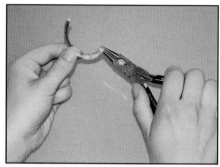

1. Para modelar arcos con cinta de aluminio recta, colocar en vertical los alicates de punta redonda sobre un lado de la cinta (aquí en la parte inferior) y presionar con fuerza. Repetir las aplicaciones y las presiones a pequeñas distancias. De este modo la cinta va adquiriendo una forma redondeada en arco.

2. Con los alicates de punta redonda, enrollar los extremos de la cinta hacia atrás en forma de rollo para poder enfilar el elemento en un hilo de acero de enfilado.

Nota: La cinta de aluminio se modela con las impresiones grabadas con los alicates, a la vez que adquiere una textura interesante y queda protegida frente a posibles raspaduras.

3. Al trabajar un pendiente, estirar el rollo inferior ligeramente hacia fuera o hacia abajo.

Cinta de aluminio texturizada

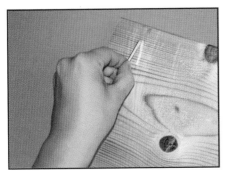

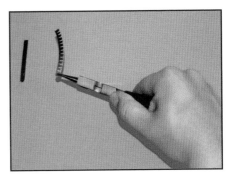

1. Si se trabajan cintas de aluminio como colgantes para un collar, se recomienda cortar las esquinas de un extremo y pasar los cantos varias veces sobre una tabla de abeto, en ángulo recto a las vetas de la madera, para redondearlos.

2. A continuación, con el extremo de los alicates de punta redonda, realizar impresiones por un lado de la pieza recta, a una distancia de 4 mm unas de otras, hasta la mitad de la cinta de aluminio. Así la cinta se arquea.

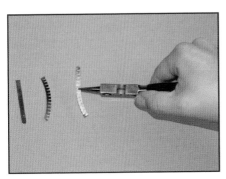

3. Aplicar marcas por el otro lado de la cinta, entre las muescas realizadas antes, hasta la mitad de la misma; de este modo, la cinta vuelve a quedar recta. Así se puede acentuar, suavizar o corregir la curvatura de la cinta.

4. Por último, con el extremo de los alicates de punta redonda, enrollar hacia atrás el extremo recto de la cinta de aluminio texturizada, formando un rollo.

Elegantes espirales de color marrón

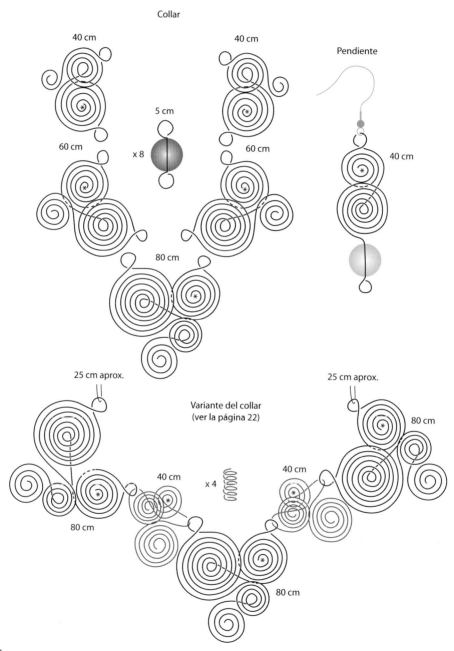

Collar

40 cm

40 cm

Pendiente

5 cm

x 8

60 cm

60 cm

40 cm

80 cm

25 cm aprox.

25 cm aprox.

Variante del collar
(ver la página 22)

80 cm

80 cm

40 cm

x 4

40 cm

80 cm

80 cm

Variante del collar

Materiales:

- Hilo mágico de aluminio de color marrón Brandy, de 2 mm Ø
- Hilo mágico de aluminio de color cobre, de 2 mm Ø
- Hilo de acero, de 0,45 mm Ø
- 2 cuentas de cerámica, de 17 x 15 cm
- 10 cuentas de cristal tallado doradas, de 4 mm Ø
- 4 chafas
- Cierre tubular

Páginas 14, 25, 28

1. Ensamblar espirales planas: hacer espirales, como en el otro collar (ver la página 25), con tres hilos mágicos de aluminio de color marrón Brandy de 80 cm de longitud cada uno. Modelar las espirales de conexión con dos hilos mágicos de aluminio de color cobre (de 40 cm cada uno). Para ello, curvar siempre en el centro del hilo mágico de aluminio, la espiral marcada con una estrella en el patrón. Después pasar los extremos del hilo mágico de aluminio, de atrás hacia delante, a través de las anillas de los elementos marrones y retorcer en forma de espiral.

2. Montar el collar: enganchar por ambos lados un hilo de acero de 25 cm. A continuación, enfilar en cada extremo del hilo de acero una cuenta de cristal tallado, una cuenta de cerámica, una espiral de color cobre con seis vueltas (ver la página 14), una cuenta de cristal tallado y una chafa. Fijar las chafas. Después de 2,5 cm, apretar la siguiente chafa y enfilar una cuenta de cristal tallado, una espiral de color cobre y otra cuenta de cristal tallado, cortar igual los extremos del hilo de acero y fijarlos en el cierre tubular.

De color plata y azul petróleo

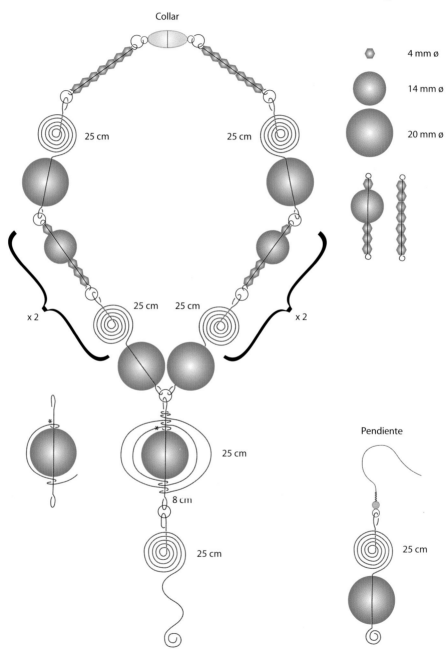

Collar

4 mm ø

14 mm ø

20 mm ø

25 cm   25 cm

x 2   x 2

25 cm   25 cm

25 cm

8 cm

25 cm

Pendiente

25 cm

Con revestimiento de alambre

Páginas 8-9

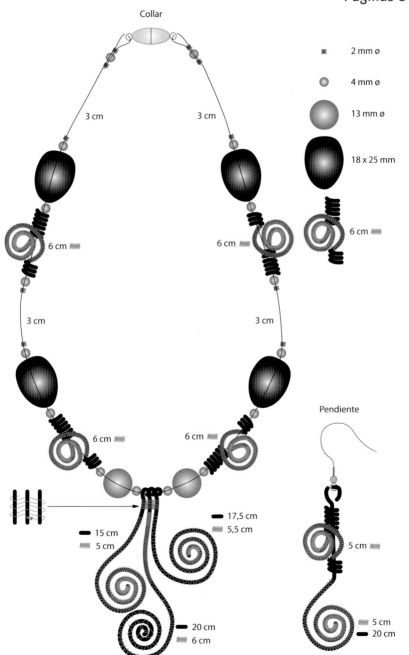

Collar

2 mm ø

4 mm ø

13 mm ø

18 x 25 mm

6 cm

3 cm | 3 cm

6 cm | 6 cm

3 cm | 3 cm

6 cm | 6 cm

Pendiente

17,5 cm
5,5 cm

15 cm
5 cm

5 cm

20 cm
6 cm

5 cm
20 cm

De color plata y negro

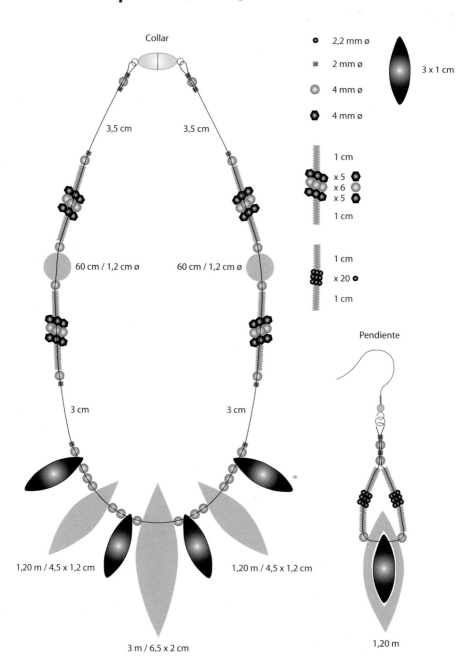

Collar

2,2 mm ø
2 mm ø
4 mm ø
4 mm ø

3 x 1 cm

3,5 cm   3,5 cm

1 cm
x 5
x 6
x 5
1 cm

1 cm
x 20
1 cm

60 cm / 1,2 cm ø   60 cm / 1,2 cm ø

Pendiente

3 cm   3 cm

1,20 m / 4,5 x 1,2 cm   1,20 m / 4,5 x 1,2 cm

3 m / 6,5 x 2 cm

1,20 m